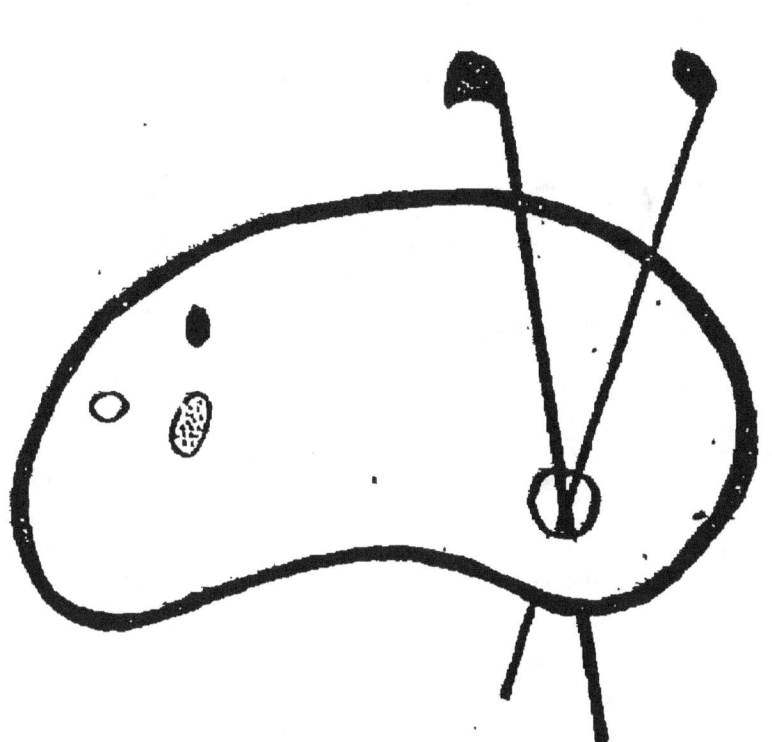

DEBUT D'UNE SERIE DE DOCUMENTS EN COULEUR

2 décembre 1859

COLLECTION DE M. GETTING FILS

TABLEAUX

MODERNES

Exposition le 1ᵉʳ Décembre 1859, à une heure.

VENTE

Le Vendredi 2 Décembre 1859, à 2 heures et demie

Mᵉ Eugène ESCRIDE, Commissaire-Priseur,
M. François PETIT, Expert.

RENOU & MAULDE
IMPRIMEURS DE LA COMPAGNIE DES COMMISSAIRES-PRISEURS
rue de Rivoli, 144

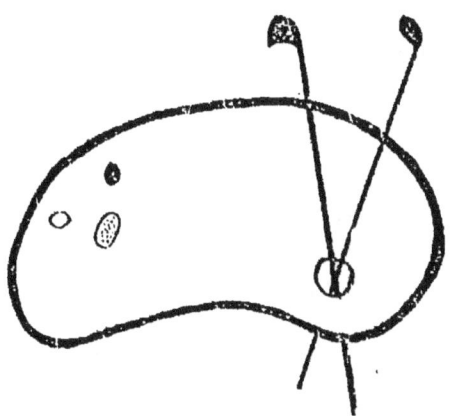

FIN D'UNE SERIE DE DOCUMENTS
EN COULEUR

CATALOGUE

DES

TABLEAUX

MODERNES

Composant la Collection de M. GETTING fils,

DONT LA VENTE AURA LIEU

HOTEL DROUOT

SALLE N° 5, AU PREMIER.

Le Vendredi 2 Décembre 1859,

A 2 HEURES 1/2 PRÉCISES,

Par le ministère de M. **EUGÈNE ESCRIBE**, Commissaire-Priseur,
Successeur de MM. POUCHET et RIDEL,
217, rue Saint-Honoré,

Assisté de M. **Francis PETIT**, Expert, rue de Provence, 43,

Chez lesquels se distribue le présent catalogue.

EXPOSITION PUBLIQUE

LE JEUDI 1er DÉCEMBRE 1859, DE 1 HEURE A 5 HEURES.

PARIS

1859

CONDITIONS DE LA VENTE.

Elle sera faite au comptant.

Les acquéreurs paieront en sus du prix des adjudications cinq pour cent applicables aux frais.

TABLEAUX

BARON
1 — La Couronne de fleurs.
H. 43 c., L. 46 c.

BARON
2 — Nymphes baigneuses.
H. 17 c., L. 12 c.

BAUDERON
3 — Les Zouaves.
H. 40 c., L. 32 c.

COUTURE
4 — Les Naufragés.
H. 16 c., L. 18 c.

DAUBIGNY

5 — Bords de la Seine.

H. 18 c., L. 38 c.

DAUBIGNY

6 — La Marne.

H. 21 c., L. 41 c.

DELAROCHE (PAUL)

7 — Le Christ protecteur des affligés.

Carton au fusain, H. 201 c., L. 143 c.

(Vente Paul Delaroche).

DIAZ

8 — Baigneuses.

H. 28 c., L. 35 c.

DONY

9 — Marée basse, effet de lune.

H. 23 c., L. 34 c.

DUPRÉ (JULES)

10 — Le Pêcheur, environs de l'Ile-Adam.

H. 32 c., L. 42 c.

FAUVELET

— Promenade au bois.

H. 16 c. L. 21 c.

FAUVELET

12 — La Toilette.

H. 15 c. L. 21 c.

FRÈRE (ED.)

13 — Le Tonnelier.

H. 46 c. L. 38 c.

GUÉRARD (AMÉDÉE)

14 — La Reprimande, scène bretonne.

H. 40 c. L. 32 c.

GUDIN

15 — Combat naval.

H. 64 c. L. 97 c.

HAMON

16 — Les Jeunes filles au bal.

H. 20 c. L. 44 c.

HOGUET

17 — L'Arrivée du poisson.

H. 43 c. L. 58 c.

HOGUET

18 — Famille de pêcheur sur la plage.

H. 36 c. L. 57 c.

ISABEY

19 — La Rentrée au port.

H. 45 c. L. 66 c.

ISABEY

20 — Village au bord de la mer.

H. 24 c. L. 35 c.

JACQUE

21 — Une Basse-cour.

H. 27 c. L. 45 c.

22 — Porcherie.

H. 31 c. L. 40 c.

LEPOITTEVIN (EUG.)

23 — Marine, barque de pêcheur.

H. 38 c. L. 50 c.

ROBERT FLEURY

24 — Sénateur vénitien.
H. 34 c. L. 26 c.

ROQUEPLAN

25 — La Cueille des pommes.
H. 39 c. L. 27 c.

ROQUEPLAN

26 — Causerie.
(Aquarelle.)

ROUSSEAU (TH.)

27 — Paysage.
H. 40 c. L. 63 c.

ROUSSEAU (PH.)

28 — La Chasse au marais.
H. 30 c. L. 45 c.

ROUSSEAU (PH.)

29 — Bill, terrier.
H. 64 c. L. 32 c.

ROUSSEAU (PH.)

30 — Un Intérieur de cuisine à Quimper.
H. 41 c. L. 32 c.

ROUSSEAU (PH.)

31 — Intérieur de ferme.

H. 41 c. L. 52 c.

TROYON

32 — Le Moulin, effet de brouillard.

H. 34 c. L. 56 c.

TROYON

33 — Troupeau de mouton.

H. 38 c. L. 28 c.

TRAYER

34 — Les Couturières.

H. 50 c. L. 41 c.

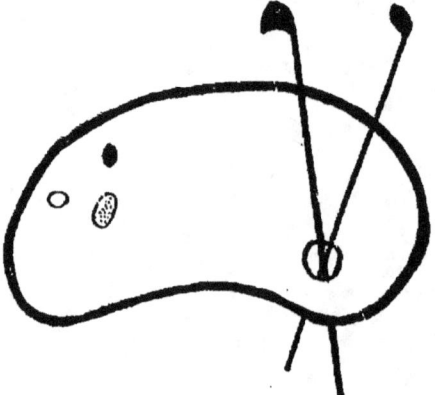

ORIGINAL EN COULEUR
NF Z 43-120-8

www.ingramcontent.com/pod-product-compliance
Lightning Source LLC
Chambersburg PA
CBHW030114230526
45471CB00003B/1413